구름 한 줌

석성우 시집

시인의 말

'격외도리(格外道理)',
참으로 매력있는 말이다.
'금생에는 글 쓰지 않겠다' 마음먹었는데
꿈에서 시를 쓰라 하기에
'무슨 시를 쓰느냐?'고 물었더니
'격외도리에 대하여 쓰라'

한 번도 아니고 사흘 밤을 그런 꿈을 꾸고
쓰여진 게 『구름 한 줌』이다.
격외도리는 문자 사리, 그저 웃을 뿐이다.

2025년 6월
석성우 합장

―――――― 차 례 ――――――

● 시인의 말 / 3
● 남은 말 / 108

1 ―― 11
2 ―― 12
3 ―― 13
4 ―― 14
5 ―― 15
6 ―― 16
7 ―― 18
8 ―― 19
9 ―― 20
10 ―― 21
11 ―― 22
12 ―― 23
13 ―― 24
14 ―― 25

15 —— 26
16 —— 27
17 —— 28
18 —— 29
19 —— 30
20 —— 31
21 —— 32
22 —— 33
23 —— 34
24 —— 35
25 —— 36
26 —— 37
27 —— 38
28 —— 39
29 —— 40
30 —— 41
31 —— 42

32 —— 43
33 —— 44
34 —— 45
35 —— 46
36 —— 47
37 —— 48
38 —— 49
39 —— 50
40 —— 51
41 —— 52
42 —— 53
43 —— 54
44 —— 55
45 —— 56
46 —— 57
47 —— 58
48 —— 59

49 —— 60
50 —— 61
51 —— 62
52 —— 63
53 —— 64
54 —— 65
55 —— 66
56 —— 67
57 —— 68
58 —— 69
59 —— 70
60 —— 71
61 —— 72
62 —— 73
63 —— 74
64 —— 75
65 —— 76
66 —— 77

67 —— 78
68 —— 79
69 —— 80
70 —— 81
71 —— 82
72 —— 83
73 —— 84
74 —— 85
75 —— 86
76 —— 87
77 —— 88
78 —— 89
79 —— 90
80 —— 91
81 —— 92
82 —— 93
83 —— 94

84 —— 95
85 —— 96
86 —— 97
87 —— 98
88 —— 99
89 —— 100
90 —— 101
91 —— 102
92 —— 103
93 —— 104
94 —— 105
95 —— 106
96 —— 107

1

덕산(德山)의 방(棒)은
한 근

임제(臨濟)의 할(喝)은
두 근.

2

'무엇이 화두인가?'
장승에게 물었더니

장승이 춤추며
각설이 타령을 하네.

3

죽비 한 번 치면
앞산 고개 숙이고

죽비 두 번 치면
수미산이 웃는다.

4

배고픈 이에게
할(喝)하나 주고

눈먼 이에게
지팡이를 빼앗는다.

5

'이뭣고'
'이뭣고'
'이뭣고'에서

삼천대천 세계를 비출
다이아몬드 주워라.

6

화두 하나에 한 생을 살았던
어느 스님은
세상 떠날 즈음
그의 제자에게

'내 기일에
운문삼전어(雲門三轉語)* 법문을 일러달라'고 했다

죽비 세 번도 곁들이라고 했시.

* 운문삼전어(雲門三轉語): 운문(雲門) 선사께서 세연(世緣)이 다해가니, 제자들을 모아 놓고 세 가지 법문을 물으셨다.

첫째, 어떠한 것이 부처님의 진리의 도(道)인가?
둘째, 어떠한 것이 제바의 종지(提婆宗指)인가?
셋째, 어떠한 것이 진리의 보검인가?

이 물음에 여러 제자들 중에서 파릉(巴陵)스님이 답하기를,

첫째,
"눈 밝은 사람이 우물에 빠졌습니다."
둘째,
"은쟁반 위에 흰 눈이 소복이 쌓였습니다."
셋째,
"산호(珊瑚)나무 가지마다 달이 주렁주렁 매달렸습니다."
라고 대답하였다.

7

일생 참선만 하시던 스님
입적하기 전

"내 다례제 날
밥·떡·과일 차리지 말고
죽비 삼타로
잠시 화두 지어라" 하셨다.

8

어느 스님은
불이문에 들어서서
한세상 살림살이 점검해 보니

"천불(千佛) 만조사(萬祖師)가 나를 속였다"

앞산이 울도록
호언장담했다지.

9

전강(田岡) 스님은

"불교는 참 쉬운 게야.
자기 마음 찾는 것"이라며

'이뭣고'.

10

일타(日陀) 스님은
그의 누나 스님 사십구재 때

염불은 접어두고
잠시 화두를 관하며

"스님! 미국의 어느 집에 태어나소" 했는데
정말 그렇게 태어났지.

11

방앗간에서 방아 찧다가

본래 한 물건 없는 도리

이야기 하고

육조가 되었네.

12

밝고 밝은 대광명
본래 가지고
어둠 속에서 헤매네

탐·진·치 노예로 사네.

13

돌장승이 나들이 갔다가
배가 불렀네

해가 중천에 오르니
목마가 걸어오네.

14

인연에 인연을 더하여
이 세상에 왔는데

인연의 굴레에
인연만 쌓이네.

15

있을 만큼 있는 세상
더 바랄 게 뭐람

내 손이 작아
쥐지 못할 뿐이네.

16

인연에 따라가지 말고
법에도 묶이지 마라

다만
너 스스로를 보아라
진여의 뜰에서.

17

이것에도
저것에도
탐착할 게 뭐 있나

앞산은 스스로
키가 크지 않았네.

18

경허(鏡虛)는 만공(滿空)에게
소리 없는 소리 전하고

만공은 한암(漢岩)에게
노래 한 가락 주었다.

19

달마는 부질없이
동쪽으로 오셨나

소림에서 구 년간
모래탑을 쌓았구려.

20

세상 떠나기 직전의 스님에게

"열반의 세계가 있습니까?"

"한없이 고요하고
고요한 세상이니라."

21

눈 뜨면 이승

눈 감으면 저승

이승과 저승 사이

얼마이던가.

22

탑을 쌓고
대웅전을 지어도
공덕이 없다니

소림의 찬바람.

23

보아라
보아라
탐욕이 웃고 있음을

살피고
살펴 보아라
치심이 고개 들고 있음을.

24

한산이 노래하러
바위 위에 올라가고

습득은 춤을 추다
바지 벗겨지는 줄 모르네.

25

어제는
사천왕에게
탁발하러 보내고

오늘은
지장보살에게
염주 하나 주었다.

26

나그네 스님이
노스님에게
염치없이 한 마디 물었다.

"송아지도 불성이 있습니까?"

"없느니라"

27

화두에 갇혀 살다
화두를 뽀개고 나니

앞산에 해가 뜨네

대천세계가 여기 있네.

28

강아지에게 물었다
"너 왜 강아지가 되었느냐?"고

송아지에게도 물었다
"너 왜 그 모습이냐?"고

강아지는 컹컹 짖을 뿐,

송아지는 먼 산만 바라보네.

29

지리산에서
어느 스님이 상좌와
불법 중흥을 염두에 두고
정진하였다.

서상(瑞祥)이 상좌에게 전하므로
스승은 상좌 앞에서
무릎 꿇고 계를 받았다.

30

왜구가 통도사에 와서
주지스님을 두들겨팻다네
사리를 내놓으라고

영명한 스님이 있어
아무도 모르게 사리를
바위틈에 모셨네

천진보탑이라네.

31

한 생각에
이 세상이 오고

한 생각에
저 세상으로 간다

가고 오는 일
다반사라네.

32

누구는 앉아서 가고

누구는 서서 가고

누구는 물구나무서서 가네

가는 모습도 업에 따라.

33

사리 오셨네
사리 오셨네

임금은 내불당 다시 세워
앞서 간 왕후 천도하고

그때 모인 대중에게
"이 인연으로 사리를 모시자"

그날 밤 자정
법당 탁자 위 쟁반에
댕그렁! 댕그렁!

사리 오셨네.

34

몸이 몸이 아니라
그 이름이 몸이다

마음 또한 이름뿐

누구의 땅이건
한 치도 건드리지 말라.

35

망상을 버리려 하지도 말고
진실을 구하려 하지도 말고

무명(無名)!
그게 불성이요
빈 몸이 법신인걸.

36

소림의 바람
거칠게 불어와
산딸기 익어갈 때

산노루 춤을 추네.

37

"날마다 무엇을 하는가?"

"천금(千劍)을 씁니다"

"천검은 두고
너의 일검을 가져오렴"

좌복을 들고 스승을 쳤다네.

38

눈뜨고 살면
이승이
정토

눈 감고 살면
이승이
연옥.

39

부처님 오셨네
부처님 오셨네

천 개의 태양보다
밝은 광명 빛나네.

40

태어나고
죽음이
둘이 아닌데

봄바람
가을바람
어디서 오나.

41

한평생 살아왔지만
한 발자국도 옮긴 바 없나니

본래 그 자리는
하늘땅보다 먼저이니라.

42

눈으로 보면
작게 보이고
마음으로 보면
다 보이네

청산은 흰구름 더불어
무생사를 이야기하네.

43

삼매에 들면
시간과 공간은 누구의 것이냐?

꽃들이 웃네

광명이 천지에 가득하네.

44

경전을 읽다가
하늘에 해가 하나뿐임을

새삼스레 알고
북을 두드린다.

45

과거는 어디서
쪽잠에 들었나

미래는 어디서
나비춤을 추고 있나

산 아래
강이 흐르네.

46

어디가 정토인가?

어디가 열반인가?

여기 민들레 피었네

저기 진달래 피었네.

47

스님 시봉 십 년 만에
책 한 권 받았다

혹시 누가 탐할까 봐
혼자 살며시 펼쳤다

첫 장에도
둘째 장에도
그리고 모든 장에도

한 글자도 없었다.

48

누구는
벽돌 부딪치는 소리에

누구는
목침 빠지는 소리에

한 소식 얻었다네.

49

마음 쉬는 일
어렵고 어렵구나

일생을 다 바쳐도
되지 않을 때

돌장승을 다듬네.

50

"참 진리가 무엇입니까?"
죽비 세 차례

"또 진리가 무엇입니까?"
죽비 세 차례

그래도 눈 뜨지 못하네.

51

착함도 없고
악함도 없다

그 자리
명적(冥寂)하구나

본래 그 자리.

52

내가 나에게
속지 않는 날

몇 날이나 될까?

보배를 지니고도
품팔이 하네.

53

세상 떠나려는 스님에게

"도솔천이 어디입니까?"

"주장자를 보아라"

이 말씀 한 마디 남기고
스님은 열반에 들었네.

54

시간이 어디 있나?
공간이 어디 있나?

일념이 무량겁이라니
영원한 생명인걸.

55

무엇을 가지고 떠날 것인가?
이 몸도 버려야 하는데

어두운 한 생각
생각들이
앞길을 인도하네.

56

달마는 외눈박이

불심천자(佛心天子) 양무제(梁武帝)를
제도하지 못하고

소림굴에서 구 년
벽을 쓰다듬었네.

57

인연에서 시작하여
인연으로 이어지는데

인연을 반토막 내고 보니
인연이 텅 비어 있더라.

58

동녘에서 바람 일어
봄 산 살찌고

서녘에서 바람 일어
가을 산 야위어가네.

59

앞산에 구름 일어

뒷산에 복사꽃 피네

캄캄한 오밤중에

목인(木人)이 노래 부르네.

60

한산(寒山)이 어느 날
신도 집 자녀 결혼식에 가서

닭이 혼례상에 오른 걸 보고
앞산이 갸우뚱하도록
습득(拾得)과 손 맞잡고 웃었다

그 닭이 새신랑
할머니였다.

61

점심 공양한 뒤
산으로 가서
조금씩 조금씩 나무를 모았다

해제하고 나서
탁발하여 대중공양 올리고

"오늘 떠납니다"

하직 인사를 한 뒤
앞산에 불이 났네.

62

어제는
산새들 지저귐이
시끄럽더니

오늘은
그 소리가
천상의 노래네.

63

지난밤
목 말라 마신 물
너무나 시원터니

밝은 날
그 물이 해골 물이라니
마음 어디 있는지?

64

어느 스님은
팔공산 산꼭대기 작은 암자에서
철조망 두르고 십 년을 사셨는데

자기의 그림자 밟으며
'산은 산, 물은 물'이라 했지.

65

어느 스님은
금강산에서 태어나

한 생각에 시를 쓰고
한마음에 달마를 그리고
한 정성에 불화를 조성하며

시간과 공간 밖에
해도 하는 바 없는
삶을 누렸네.

66

작설차 한 잔 마시면
금생이 보이고

작설차 석 잔 마시면
내생이 보인다.

67

어느 노인에게

"어떤 것이 부처입니까?"

작은 소리로 물었더니

"차나 한 잔 마시게" 하네.

68

구름 한 점
만권 경이 있네

바람 한 점
무한설법이 있네

춘설차 한 잔
영원이 있네.

69

망상 버릴 곳 없구나
번뇌 숨길 곳 없구나

맑은 하늘에
뭉게구름 이는데

어디서
차나 한 잔 할까?

70

수미산 꼭대기
기어오르니

죽비 한 자루
꽃 춤을 추네

우전차는 식어가는데ㅡ.

71

금강산 도인 농산(聾山)스님
금생 인연 다하여

'어디에 태어날까?' 망설이다가
숙빈 최씨 몸을 빌렸네

영조 임금이라네.

72

일생을 부처님 앞에 살아도
앞이 허전하여
전각마다 원을 세웠지
'상좌 한 사람 두고 싶다'고

새벽예불 뒤 좌선하는데
'아침 공양하고 산문에 들어오는
아이를 맞이하여라'

뒷날 그 아이가
조선의 선지식이었네
허주스님이었네.

73

영축산 산바람
쉬어가게 하는
한 시대 선지식

한세상 살림살이

'야반 삼경에
문빗장을 만져 보아라.'

74

무애도인 수월(水月)스님

솔방울 하나 줍고
하늘 한 번 쳐다보고

솔방울 하나 줍고
방귀 한 번.

75

와도 온 흔적 없네

가도 간 족적 없네

어쩌자고

짚신 한 짝 남겨 두었나.

76

통도사 자장암
금개구리

한 번 보기만 해도
원(願) 성취하는데

금개구리 울음소리
한 번 들으면

숙업의 잠 깬다.

77

처음 보는 경전이 있어
가슴 설레며 펼쳤는데
모르는 글자뿐이네.

잠시 눈 감고 있었더니
오색 광명이 나오네.

78

사천왕 눈 감고 있을 때
잠 오지 않는 노스님

도량을 경행 하는데
곳간에서 이상한 소리 들려

도둑이 공양미를 훔쳐
지게에 지고 일어나지를 못하기에
뒤에서 살며시 밀어주며

"밤길 조심하세요!"

79

화두는
죽비와 잠들게 하고

염불은
탁자 위에 모셨다

봄볕에 앉아
아리랑을 부른다.

80

부처가 있는 곳
꽃이 피지 않더구나

부처가 없는 곳
개미들이 춤을 추네.

81

노승은 해를 보며
가사를 벗고

동승은 달을 보며
바지를 입네.

82

물에 노는 보름달 주우려
물에 들어간 원숭이

산 너머 들려오는 바람 소리
거문고를 타는구나.

83

누가 빈손으로 왔나?
누가 빈손으로 가나?

저기 구름도 있는데
저기 바람도 부는데

84

번뇌를 짊어지고 가다
한순간 반야탕에 빠졌네

여기도 꽃이 피고
저기는 무생곡(無生曲)이 흐르네.

85

부처님 사리

천삼백도 열에도
녹지 않는데

신심으로 분사리(分舍利)하고
원력으로 증사리(增舍利)하고

오기도 하고
가기도 한다네.

86

문경 대승사
법당에 모셔 놓은 사리
도둑이 훔쳐 갔네

옥봉스님이 새벽에
다기(茶器) 모시고 오는데
맑은 서광이 있어 가보니

도둑맞은 사리가
댓잎 위에 계시네.

87

그림자 지워라
속 그림자 지워라

햇볕 속에서도
달빛 속에서도
마음속에서도.

88

절집 부목 몇 년 만에

노스님으로부터
'이뭣고' 화두 하나 받아

산에서 나무 한 짐 지고
쉬면서 '이뭣고'에 들었네

시간과 공간이 멈추었네.

89

강물의 달 하나 건져볼까?
중생살이

수미산에 목탁 하나 매달까?
더부살이.

90

사명(四溟) 스님은
왜놈 장수 가등청정(加藤淸正)에게

"너의 모가지가
조선의 보배이다"

할[喝]을 하였다.

91

금강산을 밟고
지리산을 올랐다

임진왜란 전장을 누비다
이 세상 인연 다했음을 알고
벽에 똥칠을 했다

스님이 세상 떠나니
그 똥이 무진향(無盡香)!

온 도량을 감싸네.

92

세상살이 심심해서
절 머슴 사는데

어느 날
주지스님이 법문을 한다기에
대웅전 축대에 앉았다가

두 팔 벌려
너울~ 너울~
춤을 추었지.

93

세상 궁금하여
도를 물었더니

"구름은 하늘에 있고
물은 강에 있다"하네.

94

귀가 열리면
시냇물 소리가
장광설이라네

마음이 밝으면
산빛이
법신이라네.

95

조주(趙州)의 '무(無)'자에
발목이 잡혀
오도 가도 못하고 있는데

'부처 있는 곳에 머물지 말고
부처 없는 곳에도 머물지 말라'네.

96

인연도 인연이지

마을 지나다
닭 울음소리 듣고

대장부 할 일 다 했네.

남은 말

말이 되지 않는데
글이 되지 않는데
어찌 시가 될까.

세상에는 직선도 있지만, 곡선도 있다. 그리고 직선 곡선을 넘어 원도 있다. 그 원을 넘어 또 다른 세계가 있다. 그게 '격외도리'다.

격외도리의 실상은 우리네 근본 마음자리다.
거기엔 시간과 공간이 없다. 동서남북이 없다.
텅 비어 있으면서 텅 빈 게 아니고, 가득 채워져 있으면서 가득 채워진 게 아니다.
참으로 묘한 세계다.

석성우

구름 한 줌

지은이 / 釋性愚
펴낸이 / 金映希
펴낸곳 / 도서출판 土房
2025년 7월 10일 초판 1쇄 발행
등록 1991. 2. 20. 제6-514호
서울특별시 성북구 북악산로 746. 101-1303
전화 766-2500, 팩시밀리 747-9600
e-mail / tobang2003@hanmail.net
ⓒ 석성우, 2025

ISBN 979-11-86857-24-3 03810